Et soovid täituksid

Ainar Leppik

Välja andnud: OÜ E.Lu

Kaanekujundus: Amazon Cover Creator

Keeletoimetaja: Marja-Leena Jaanus

Autor: Ainar Leppik

Trükitud: Amazon Print on Demand

ISBN 978-9949-33-605-0

www.ainarleppik.ee

Sissejuhatus

Palju on kirjutatud sellest, kuidas mõtted loovad ja mõjutavad meie elu. Oleme seda küll kuulnud, kuid kas oleme seda ka päriselt mõistnud... Kui vaadata inimeste elusid, on näha, et mõistnud on seda tegelikult vähesed.

Võid siin kohata mõtteid, mis ei pruugi kattuda sinu arusaamistega ega ühtida üldise maailmavaatega. Kirjutatu on üks võimalikkus ja ei pretendeeri absoluutsele tõele.

Puudulik teadmine, kuidas füüsilised asjad ja sündmused tekivad, võib jätta mulje, et sinu elu on väljapool sinu kontrolli. Nii see tegelikult ei ole.

Raamat pakub sulle teoreetilisi teadmisi, kuidas tekib sinu igapäevane reaalsuspilt ja kuidas seda muuta. Siit leiad praktilisi juhiseid, kuidas oma soove, eesmärke ja ideid ellu viia ning mis võiks olla see päris sinu „oma asi", mida elus teha.

Raamatu viimane peatükk on vaimsemat laadi. Käsitlen seal inimese päritolu, siin olemise peamist põhjust, Universumi multidimensionaalsus ning seda, kes sa oled, kust sa tuled, miks siin oled.

Mõnusat lugemist soovides,

Ainar.

Puudulik külgetõmbeseadus

Külgetõmbeseadusest on kirjutatud palju raamatuid ja tehtud filmegi. Kuulsaim neist ilmselt „Saladus". *YouTube* annab 701 000 otsingu tulemust ingliskeelsele sõnapaarile „law of attraction" (e.k. külgetõmbeseadus). Tundub, et teema on päevakajane.

Järgnev on minu arusaam üldlevinud külgetõmbeseadusest. See, mida olen erinevatest raamatutest lugenud, filmidest näinud ja seminaridelt kuulnud.

Külgetõmbeseadust teatakse *sarnane tõmbab sarnast* seadusena. See on erapooletu ja mitteisikuline seadus, mis töötab kogu aeg, sõltumata inimese tahtmisest või mittetahtmisest.

Eesti keeles ilmunud raamatus „Külgetõmbeseadus" kirjutab autor Michael J. Losier nii: *„Seadus sellest, kuidas* ***tõmmata*** *ligi rohkem seda, mida te soovite, ning vähem seda, mida ei soovi. Avastage, kui lihtne on külgetõmbe-seaduse abil: lõpetada nende asjade ligi* ***tõmbamine****, mida te ei soovi; saada rikkamaks; tõmmata ligi ideaalset elukaaslast ning positiivseid inimesi; laiendada oma äri; leida oma ideaalne töökoht, kutsumus või karjäär...".*

Seda seadust kirjeldatakse nii, et kõik see, mida sa enda ümber näed, selle oled sa enda ellu tõmmanud. Inimesel on soov midagi saada ja ta hakkab seda enda poole tõmbama.

Selle tulemusel ilmub tõmmatav asi, situatsioon või inimene tema ellu. Siit ka ütlus „sarnane tõmbab sarnast".

Külgetõmbeseaduse puhul on tegemist nö „magnetismiga". Inimesel on unistused, soovid ja eesmärgid. Ta hoiab neid oma mõtteis ja tõmbab magnetismi printsiibiga need enda isiklikku ellu. Mis iganes see unistus, soov või eesmärk on – füüsiline ese, tervislik seisund, reisimine või teine inimene – asub see algselt kuskil eemal, nö üldises „reaalsusväljas". Seejärel kasutatakse külgetõmbeseaduse printsiipi (sarnane tõmbab sarnast) unistuse, soovi või eesmärgi tõmbamiseks üldisest reaalsusväljast „siia", nö inimese isiklikku ellu. Näiteks, näeb inimene kuskil autoreklaami ja soovib sellist autot nüüd endalegi. Auto on nö üldises reaalsusväljas olemas, aga ei ole veel inimese isiklikus reaalsusväljas. Nüüd hakkab inimene sellest autost mõtlema ja seda autot enda isiklikku ellu tõmbama. Niimoodi saan mina aru külgetõmbeseadusest.

Mida ma mõtlen puuduliku külgetõmbeseaduse all?

Meid ümbritsev reaalsusväli on koos-loodud meie endi ja kaasinimeste mõtete poolt ning me kõik elame planeedi infovälja sees. Ehk kõik, mida me enda ümber näeme, on koosloome tagajärg.

> Ei saa „kuskilt" sealt – üldisest reaalsusväljast või nö eluekraanilt – midagi „siia", isiklikku ellu tõmmata.
>
> Sest see nn eluekraan on juba sinu enda ja kaasinimeste poolt loodud – see on tulem ja tagajärg. Ümbritsevast reaalsus-väljast

mingi füüsilise objekti, nähtuse või inimese ligitõmbamine ei ole lihtsalt võimalik. Universum ei tööta niimoodi.

Iga inimene loob enda isiklikku reaalsuspilti. Need isiklikud reaalsuspildid põimuvad teiste inimeste isiklike reaalsuspiltidega. Inimeste isiklikud reaalsuspildid põimuvad omakorda planeedi infoväljaga ja nii tekibki üldine maailmapilt. Inimesed oma väiksemate infoväljadega on suurema (planeedi) infovälja sees.

Kõik, mida sa enda ümber näed on loodud, mitte tõmmatud. Sinu teadlikud ja mitteteadlikud mõtted ja tunded loovad sinu isiklikku elu.

Minu jaoks on senisel viisil käsitletud külgetõmbeseadus poolik, kuna kajastab ainult magnetismi ja tõmbamist. On võetud kogu Universumis kasutusel olev ühe ja ainukese loomise seaduse üks aspekt ja sellest tehtud omaette seadus. Tulemuseks on ebaloomulik maailmakäsitlus, moondunud arusaam loomisest ja loome-dünaamikast.

Kogu Universumis kasutuses olev üks ja ainuke loomise seadus on tasakaalus. See sisaldab mõlemat aspekti – nii elektrilist kui magnetilist, nii andmist kui saamist.

Me „tõmbame“ küll, aga see on energia (nö nähtamatu alginfo), mida tõmbame.

Sellest nähtamatust vormub – vastavalt meie mõttemustritele – nähtav. Nagu kinos – valgus lastakse läbi filmilindi ja see, mis lindil on, seda ekraanil näed. Valgus = energia; filmilint = sinu mõtted, arusaamad, harjumused, uskumused; ekraan = sinu elu ja isiklik reaalsuspilt. Ainuke, mida saab muuta on filmilint. Valgus/energia on kõigile võrdselt olemasolev, seda ei saa muuta. Ja ekraanil nähtav on filmilindil oleva tagajärg, seda ei saa **enam** muuta.

Me oleme magnetilised ja elektrilised üheaegselt. Kõik, mis endast välja anname on elektrilise laenguga – iga mõte, tunne, tegu. Magnetiline tõmbamine on energia tõmbamine. See energia liigub läbi inimese mõttemustrite, arusaamade, uskumuste ja tulem peegeldub eluekraanile (tekib reaalsusväli).

Kui külgetõmbeseadus töötaks nii, nagu sellest enamikes raamatutes ja koolitustel räägitakse, tõmmates sealt „eemalt“ midagi või kedagi enda isiklikku ellu, peaks nelja seina vahel istuv inimene saama oma ellu tõmmata midaiganes. See inimene võib positiivselt mõelda, visualiseerida soovitut ja sealjuures ka rõõmutunnet tunda, aga soovitu jääb üldjuhul saamata. Miks? Sest puudub soovitava tulemusega võrdväärne „andev“ tegevus.

Sarnane **loob** sarnast, mitte – sarnane tõmbab sarnast.

Et soovitu ilmestuks inimese ellu, peab inimene ise ennekõike selle „asja“ nö „ära kandma“. Filmilindil olevad arusaamad ja teadmised peavad resoneeruma soovitu täitumise võimalikkusega. Paljud inimesed unistavad miljonist eurost pangakontol. Paljudele see unistuseks jääbki, sest sügaval sisimas teatakse, et tegelikult ei ole see võimalik.

Ainukese võimalusena nähakse lotovõitu. Küsisin Eesti Loto-st, millised on *Bingo Loto* ja *Eurojackpot*-i võiduvõimalused. Sain sellise vastuse:

Tere

Täname Teid küsimuse eest.
Järgnevalt edastan Bingo Loto ja Eurojackpoti võidu saamise tõenäosused:

Tõenäosus võita Bingo Loto nurkademängu võit on 1:30.
Tõenäosus võita Bingo Loto diagonaalidemängu võit on 1:770.
Tõenäosus võita Bingo Loto jackpot on 1:1,7 milj.*

* Kõik tõenäosused kehtivad tingimusel, et on ostetud üks kombinatsioon. Jackpoti tõenäosus kehtib 48 palli loosimisel.

Tõenäosus võita Eurojackpoti peavõit on 1:59 325 280.

AS Eesti Loto klienditeenindus

Lotoga on muidugi see hea asi (võrreldes kasiinoga), et keegi selle jackpoti kunagi ikka võidab.

Proovida ikka tasub ja kui ei võidagi, on hea teada, et toetatud on Eesti kultuuri ja sporti.

Kokkuvõtteks. Ei saa „kuskilt" sealt – üldisest reaalsusväljast või nö eluekraanilt - midagi „siia", isiklikku ellu tõmmata. Universum töötab seest välja suunal, mitte „sealt – siia" (väljast sisse) suunal.

Iga inimene loob enda isiklikku reaalsuspilti ise. Kuidas reaalsusväli tekib ja mismoodi meid ümbritsev energiaväli mõtetele reageerib, seda järgmises peatükis vaatamegi.

Et soovid täituksid – põhiteadmisi mikromaailmast

Üks peamisi mikromaailmast arusaamisest kasutegureid on see, et need teadmised võivad avardada arusaama sellest, kuidas mõtted loovad füüsilist reaalsust. See annab kindlustunde ja teadusliku kinnituse, et reaalsuspilt, mida näeme on muudetav ja meid ümbritsevat energiavälja saab oma soovide täideviimiseks teadlikult kasutada. Et mõtteis olev soov muutuks käegakatsutavaks sündmuseks, on mõistlik teada, kuidas mikromaailm töötab ja millest see koosneb. Suurte asjade maailm – makromaailm – koosneb väikestest asjadest (mikromaailmast).

Koolis õpetatakse, et meid ümbritsev (nähtav) maailm koosneb keemilistest elementidest, rakkudest, molekulidest ja aatomitest. Aatom koosneb omakorda elektronkihist ja tuumast; tuum neutronitest ning prootonitest. Kvarkidest ja teistest aatomi tuumas olevatest subatomaarsetest osakestest koolis ei räägitud. Aga just needsamad imepisikesed osakesed grupeeruvad, moodustades aatomeid, keemilisi elemente, molekule ja rakke.

Seda imepisikeste osakeste maailma uuriv teadusharu on kvantfüüsika.

„Kvantfüüsika ehk kvantteooria on 20. ja 21. sajandi füüsika haru, mis hõlmab teooriad, mis võtavad arvesse mikromaailma omadused, mis pole klassikalise füüsika raames ennustatavad ega seletatavad. Osutub, et osakesi ja laineid ei saa mõttekalt eristada, sest üks ja seesama füüsikaline objekt käitub olenevalt uurimisviisist kas lainena või osakesena (seda nimetatakse laineosakese dualismiks). Väljendit "kvantfüüsika" on esmakordselt kasutatud 1931 Max Plancki raamatus "The Universe in the Light of Modern Physics". (viide 1)

Kuigi kooliprogramm kvantfüüsikast palju ei räägi, on see teadusharu tänaseks leidnud rakendust paljudes eluvald-kondades ja kaks kvantfüüsikut pälvisid 2012. aastal Nobeli füüsikapreemia.

„Tänavuse Nobeli füüsikapreemia pälvisid prantslane Serge Haroche ja ameeriklane David Wineland, murranguliste katsemeetodite eest, mis võimaldavad mõõta ja mõjutada üksikuid kvantsüsteeme". (viide 2).

Vaatame, kuidas kvantfüüsikaalseid teadmisi saab kasutada oma igapäevaelu muutmisel.

Kvantfüüsika uuringud on tuvastanud, et kogu füüsiline reaalsus koosneb kokku koondunud subatomaarsetest osakestest.

Inimese keha, auto, loodus, päike, küpsis, valgus, mõtted - kogu Universum koosneb subatomaarsetest osakestest (neutronid, prootonid, kvargid, neutriinod jne).

Olenevalt uurimisviisist võib subatomaarne osake käituda nii osakesena (omades jälgitavat asukohta) kui ka lainena (täites kogu ruumi) nagu raadiolaine. Einsteini ja kvantfüüsika seisukohast on biokeemilised molekulid, millest koosneb füüsiline keha, vibreeriva energia vorm. Mis tähendab, et maailma nähtav osa ei koosne üksnes ainest, vaid tema põhielemendiks on energia. Subatomaarsed osakesed ei ole tehtud energiast, nad on energia. See energia on kõikjal ja täidab kogu Universumit - nii meile nähtavat, mõõdistatavat ja viie meelega tajutavat kui ka meile nähtamatut, mõõdistamatut ja viie meele tajuulatusest välja jäävat Universumit.

Kvantfüüsika kinnitab, et inimese teadvus muudab energia füüsilisteks osakesteks. Sellist protsessi kutsutakse laine-funktsiooni kollapsiks. Laineomadustega energia „kukub" füüsilisteks osakesteks (i.k *collapsing the wave function*), kui teadvus sellele energiaväljale tähelepanu pöörab. Selliseks teadvuseks võib olla nii inimese tava- ja alateadvus kui ka planetaarne teadvus.

Kvantfüüsika vallast on ilmselt kõige kuulsam kahe pilu katse.

See katse kirjeldab vaatleja kohalolu mõju ümbritsevale energiaväljale. Järgnevad kahe pilu katsekirjeldused pärineb kahest erinevast allikast.

1) www.fyysike.ee

„Ühe kuulsaima kvantfüüsika eksperimendina demonstreerib kaksikpilu katse kvantmaailma tohutut erinevust tavamaailmast. Kui kahe piluga takistusest tulistada läbi makroskaalas objekte, liiguvad need otse läbi pilude ning jätavad takistuse taga olevale seinale kaks sirget joont. Kui makroskaalas objektide asemel kasutada aga elektrone, ei jää seinale aga mitte kaks sirget joont vaid hoopiski mitme joonega interferentsmuster. Et interferentsmuster tekib ka siis, kui elektrone tulistada ükshaaval, näib eksperiment vihjavat, et elektron justkui liigub läbi kahe ava korraga ning interfereerub iseendaga, justkui oleks ta laine mitte osake. Kaksikpilu katse teine ebatavaline osa on fakt, et elektronid lõpetavad interferentsmustri tekitamise, kui teadlased seavad ühe pilu äärde detektori, mille abil jälgida, kummast pilust elektron tegelikult läbi läheb. Sellistel tingimustel tekitavad elektronid seinale aga lihtsalt kaks sirget joont, justkui oleksid nad makroskaalas objektid“. (viide 3)

2) www.reaalsusloome.com

„1974. aastaks oli tehnoloogia arenenud sedavõrd, et osutus võimalikuks viia läbi sama eksperiment tulistades kahe piluga

barjääri suunas elektrone ühe kaupa. Jällegi ilmnes interferentsimuster. Kui aga ühe pilu juurde paigaldati detektor, kadus inter-ferentsimuster taas. 1989. aastal korrati katset Jaapani teadlaste poolt, kelle käsutuses oli väga peen aparatuur.

Tulemuseks oli vääramatult sama ilming – detektor ükskõik kumma pilu juures või mõlema pilu juures korraga kukutas kokku lainefunktsiooni ning vaatlusekraanile ei tekkinud interferentsimustrit vaid kaks sirget joont. Kvantfüüsikud ei eita juba enam ammu, et on korduvalt kinnitust leidnud faktid, et eksperimendi tulemuse paljudes kvantfüüsika katsetes (nt antud kahe pilu katses) määrab eksperimentaator oma jälgiva kohaloluga.

Järelikult ei eitata teadus inimteadvuse toimet mateeria tunnusomadustele.

Akadeemiline füüsika aga tunnustab füüsikateooriaid paraku vaid siis kui selle väiteid on võimalik matemaatiliselt väljendada ja selles seisnebki akadeemilise teaduse suurim komistuskivi: kui püüda "tõlkida" teadvuse osalemise toimet eksperimentide läbiviimisel matemaatika keelde, siis peaks teadvus olema matemaatiliselt määratletud ja määratletav, kuid seda pole akadeemiliselt tunnustatud teadus seni veel suuteline tegema". (viide 4)

Sinu teadvus vaatab seda mittevormunud energiavälja ja loob sellest energiaväljast füüsilisi osakesi.

Need osakesed grupeeruvad ja moodustavad seeläbi aatomeid, keemilisi elemente, rakke ja molekule. Nendest omakorda moodustuvad asjad, nähtused ja sündmused. Makromaailm koosneb mikromaailmast, mikromaailma algolek on energia ja seda saab teadlikult kasutada.

Tähelepanu pööramise, vaatamise või vaatlemise moment võib alguses segadust tekitada. Kvantfüüsika seisukohalt muutub aineosake tagasi energiaks, kui puudub otsene vaatlev teadvust. Minu käest on küsitud, kas allkorrusel olev tugitool eksisteerib füüsilisel kujul edasi, kui ma ülakorrusel magan ja tooli otseselt ei vaatle. Minu arusaam on momendil selline, et tugitool eksisteerib füüsilisel kujul ikka edasi sest:

1) tugitooli valmistaja on tugitooli valmistamise käigus toolile piisavalt tähelepanu pööranud;

2) valmistamise käigus tekib planeedi infovälja tugitooli informatsioon ja sellel on oma eksisteerimisaeg, mis ei sõltu otsesest edasisest vaatlemisest;

3) tooli valmistamisse pandud energiakogus ja edasine suhtumine toolisse määrab tooli füüsilise olemasolu.

Hoole ja armastusega tehtud ning kasutatud asjad kestavad kauem kui masstoodangu „hingetud“ esemed.

Kui inimene valmistab midagi südamega, annab asjale oma hoole ja armastuse, siis muutub asi pikaealiseks ja ka nö elavaks. Nii ongi – kõik asjad koosnevad lõppkokkuvõttes energiast ja see energia on teadvel.

Lähtuvalt Universumi toimeprintsiipidest – fokusseeritud mõttetegevuse tulemusel ehk oma peas soovitud või soovimatut mõtet hoides, tekib see „mõttepilt“ sinu ellu.

See printsiip kehtib kogu aeg ja kõikide inimeste puhul.

Lause: „Kogu aeg mõeldakse välja uusi asju“ kirjeldab sõna-sõnalt kvantmehaanika põhiprintsiipi. Iga füüsiline asi saab alguse mõttest, mis sõna otseses mõttes „mõeldakse välja“ meid ümbritsevast energiaväljast.

Kuidas sai näiteks mobiiltelefon füüsiliseks objektiks? Palju kordi mõtteis keerelnud idee joonistati lõpuks paberile ja tootearendus võis alata. Täpselt samasugune mõttest asjaks loomise protsess on toimunud kõikide meid ümbritsevate asjade puhul ja saab aset leidma ka iga uue asja loomisel.

Meid ümbritsevad asjad tunduvad meile füüsilised ja käega-katsutavad, kuid ümbritsev maailm ei ole tegelikult nö staatiline „pilt“. Subatomaarsed osakesed ei ole kogu aeg füüsilise osakese olekus, vaid muutuvad energiast osakesteks ja osakestest uuesti energiaks. Kuna see dünaamika toimub valguskiirusel, siis jääb see tavamõistuse tajuulatusest välja ja me kogeme maailma tahkena.

Asjad tunduvad pidevalt olemas olevana ja seisavad aastaid ühe ja sama koha peal.

Mõtle korraks diivanil olevast padjast kui aatomitest ja elektronidest koosnevast kogumist. Näed patja padjana, kuna oleme **õppinud** maailma tajuma viie meele kaudu. Imikuna ei teadnud sa, et see on padi, mis sulle voodis pea alla pandi. Padjast sai padi alles siis, kui sa hakkasid iseseisvalt mõtlema ja tööle hakkas tavamõistus.

Hea viis sellest arusaamiseks on näiteks kinofilmi liikumine ekraanil. Ekraanile vaadates näed inimest normaalselt liikumas. Kui filmi aeglustada, näeksid, et tegelikult vaheldub ühe sekundi jooksul 24 üksikkaadrit. Kiirusel 24 kaadrit sekundis ei ole meie tavateadvus suuteline tajuma kaadrite vahetumist ja me näeme sujuvalt liikuvat pilti.

Vana aja filmid on filmitud erinevate kiirustega. Näiteks Charlie Chaplini „kiiretes" filmides vahelduvad üksikkaadrid kiiremini kui 24 tükki sekundis. Ja tumm-filmid enamasti „hakivad". Seda põhjustab aeglasem kaadrite vaheldumine. Filmimaailm kasutab kiirust 24 kaadrit sekundis – Universum valguskiirust. Kuid ka iga üksikkaader omakorda koosneb miljonitest osakestest, mis lülituvad valguskiirusel sisse-välja. Kui me filmi aeglustaksime ja vaataksime seda ühe kaadri kaupa, siis näeksime staatiliselt „seisvat" üksikkaadri pilti.

Aga see „seisev" üksikkaader on oma olemuselt ülikiirelt energiast osakeseks ja osakesest tagasi energiaks muutuv reaalsuspilt.

See, mida sa näed enda ümber, on ülikiiresti sisse-välja lülituvad valgusosakesed. Samamoodi nagu kinoekraanil vahelduvad üksikkaadrid kiiresti ja tekitavad sujuva liikumise, nii on ka meid ümbritsevas maailmas – osakeste valguskiirusel sisse- ja väljalülitumine tekitabki meie füüsilist reaalsust. Sujuva, tahkena tajutava ja nö pidevalt olemasoleva reaalsusvälja kogemine on tekitatud meie tavamõistuse viie meele poolt. Ainuke erinevus mõtte ja füüsilise objekti „nägemise“ vahel on vaataja teadvuse sageduskiirus.

Füüsiline maailm koosneb sõna otseses mõttes ideedest ja energiast ning see energia on juhitav ja suunatav. Kõik, mida sa enda ümber näed, on sinu, kaasinimeste ja planeedi infovälja poolt ühiselt loodud reaalsusväli. Sinu isiklik reaalsuspilt on üks osa sind ümbritsevate inimeste reaalsusväljast, on üks osa rahvuslikust reaalsusväljast ja on üks osa planetaarsest reaalsusväljast. Iga suurem reaalsusväli mõjutab väiksemaid ning seetõttu mõjutavad planetaarsed muutused kõiki. Üks inimene ei saa tervet planeeti üksi muuta, küll aga saab muuta iseenda isiklikku reaalsuspilti.

Selle tulemusel võib kogu rahvuslik reaalsusväli muutuda ja sealt edasi ka kogu planetaarne reaalsusväli.

Soovitust mõtlemine mitte ainult ei mõjuta mõõdetavat, vaid lausa loob seda. Me sunnime elektroni valima kindla asukoha ja ise toodame mõõdetava tulemuse. Mõõdetavaks tulemuseks võib olla füüsiline ese, elusituatsioon või tervislik seisund.

Kuigi kvantfüüsikalisi protsesse on uuritud juba 20. sajandi algusest, on just viimastel aastakümnetel jõudnud kvant-füüsika laiema publiku ette. Ka järgmises peatükis kajastust leidev neuroplastika ehk aju plastilisus on alles viimastel aastatel laiema publiku ette jõudnud. Kui kvantfüüsika kaudu teame, et mõtted loovad füüsilist reaalsust, siis neuroplastika annab meile teadusliku kinnituse selle kohta, et oluline on ka teada, mida ja kuidas mõelda.

Neuroplastikast juba järgmises peatükis.

Neuroplastika ehk aju plastilisus

Aju plastilisust uurib neuroplastika teadusharu. Neuro-plastikaga tegelevad teadlased avastasid, et inimese ajus olevad närvivõrgustikud on nö plastilised ehk pidevalt muutuvad ja muudetavad. Kui vana arusaam kinnitas, et aju närvivõrgustik kujuneb lõplikult välja inimese noorusaastatel, siis tänu uutele mõõteriistadele on kindlaks tehtud, et nii see tegelikult ei ole. Aju tekitab kogu elu vältel uusi sünaptilisi ühendusi („kontakte“), mistõttu saab muuta vanu sissejuurdunud harjumusi ning üles ehitada uusi. Uus sünaptiline ühendus tekib iga uue asja nägemisel, uue mõtte mõtlemisel ja uue tunde tundmisel. Pidevalt kasutuses olevad sünaptilised ühendused (aju närvivõrgustik) on meie igapäevased harjumused, mõttemustrid ja õpitud oskused.

www.eestiarst.ee kirjutab:

„Aju plastilisus on aju võime muuta funktsiooni ja struktuuri vastuseks erinevatele stiimulitele. Aju plastilisust ei määra mitte rakkude arv, vaid eelkõige potentsiaalsete ühenduste (sünapsite) hulk nende vahel. Plastilisuse aluseks on organismi elu jooksul säiliv võime olemasolevaid neuronite vahelisi ühendusi vajaduse korral muuta.“ (viide 5)

Aju on ainulaadne organ. Ajurakud ehk neuronid erinevad kõigist teistest keharakkudest just selle poolest, et ajurakud loovad pidevalt uusi „kontakte“ ehk sünaptilisi ühendusi. Nende sünaptiliste ühenduste kaudu **võtab ajurakk vastu, säilitab ja saadab edasi keemilist ja elektrilist signaali**. Keemilised signaalid tekitavad kehas erinevaid biokeemilisi protsesse. Elektrilised signaalid on meie mõtted. Inimese ajus on 10^{11} ajurakku, mis omakorda on suutelised tekitama 10^{14} sünaptilist ühendust. Piltlikult öeldes on üks ajurakk suuteline töötlema sellist kogust informatsiooni, nagu suhtleks 1000 inimesega korraga. Ja saab samaaegselt kõigest sellest ka aru. Kui ehitada sellise võimsusega arvuti, mille protsessor sisaldaks 10^{14} komponenti, oleks sellise protsessori diameeter neli km. Mõtle korraks, kui kiired on tänapäeva arvutid ja kui väikesed on seal sees olevad protsessorid. Sinu aju töövõime on nii suur nagu sellel protsessoril.

Needsamad ajurakkude poolt tekitatud sünaptilised kontaktid, mis moodustavad närvivõrgustikke, on meie mälu, mälestuste, harjumuste ja mõtete edasi kandjad. Ja needsamad närvivõrgustikud ongi muudetavad ehk plastilised.

Lihtne seletus aju plastilisusest on näiteks jalgratta või autoga sõitma õppimine. Sõitma õppimist alustades luuakse ajus esimesed sünaptilised ühendused.

Sõidutundide edenedes kinnistuvad need ühendused ja mingi aja möödudes on omandatud uus oskus. Sõitmist prakti-seerides muutub see oskus harjumuseks.

Selle käigus on ajus välja kujunenud pidevalt kasutuses olev närvivõrgustik, kus elektrilised ja keemilised impulsid liiguvad sujuvalt ja kiiresti. Autosõidu oskus on muutunud tavaliseks harjumuseks. Suure kogemusega autojuhi „sõitmise“ teeb ära alateadvus.

Sattudes Inglismaale, kus rool on „valel“ pool, on auto juhtimine alguses raske ja ebamugav. Miks? Sest ajus ei ole veel loodud vastavaid sünaptilisi ühendusi – puudub vastav närvivõrgustik. Sõitma hakates on vaja hoida tavamõistuse tähelepanu täielikult sellel protsessil. Ajurakud loovad uusi sünaptilisi ühendusi (kontakte) teiste ajurakkudega ja niimoodi tekib uus närvivõrgustik.

Esimestel kordadel „valel“ pool sõites edastab aju närvi-süsteemile keemilisi signaale, mis paneb südame kiirenemini tööle – süda puperdab. Sõidukogemuse suurenedes ja uue olukorraga harjudes muutub uus närvivõrgustik tugevamaks. Elektrilised signaalid liiguvad sujuvalt ja biokeemilisi reaktsioone tekitavate signaalide „koostis“ muutub. Sa ei närvitse enam. Oled omandanud uue oskuse, mis kasutades muutub harjumuseks.

Aju plastilisus ja meditsiin

Haiguste või kaasasündinud puuete „ravil“ on neuroplastika meetodeid kasutanud arstid saavutanud häid tulemusi.

Dokumenteeritud on haiguslood, kus pimedad on nägema hakanud, jalutud kõndima saanud ja *locked in* seisundist (ainult silmalaud liiguvad) välja tuldud.

Norman Doidge kirjutab raamatus „The Brain that Changes Itself", just sellelaadsetest juhtumitest ja edulugudest. (viide 6)

Neuroplastika puhul ei ravita haigusseisundit, vaid aju hakkab kasutama teisi ajupiirkondi ja ehitab vajamineva ajurakkude ja sünapsite võrgustiku uude kohta. Näiteks nägemispuudega inimestel stimuleeriti kerge elektrilaenguga keelt, samal ajal spetsiaalseid nägemisharjutusi tehes. Tulemuseks oli see, et aju ehitas uude kohta uue ajurakkude võrgustiku: täiesti pimeda inimese nägemine hakkas tasapisi taastama.

Ainulaadne ja erakordne on ka eelnevalt mainitud *locked in* sündroomi juhtum. Kahekümnendates eluaastates neiuga juhtus õnnetus, mis põhjustas ajutüve vigastuse. Kõige äärmuslikumat ajutüve vigastust teatakse *locked in* sündroomina. See tähendab, et kogu keha on täielikult halvatud, ainult silmalaud liiguvad. Inimene ise aga on teadvel ja teadlik.

Neuroplastika loengust inspireerituna hakkas ema lapse käsi, jalgu ja kogu keha erinevate materjalidega silitama. Tund-tunni, päev-päeva järel, kuust-kuusse.

Esimesed muutused ilmnesid kolme-nelja kuu pärast. Kahe aasta jooksul taastus neiu kõnevõime. Nüüdseks isub ta ratastoolis ja saab oma keha liigutada.

Iga mõte tekitab tunnet ja iga tunne tekitab meis biokeemilisi reaktsioone. On tehtud sadu katseid, kus inimestele näidatakse erinevaid pilte või videolõike ja samal ajal jälgitakse, kuidas aju reageerib. Aju saadab signaale kesknärvisüsteemi ja nii on võimalik tuvastada, milliseid kemikaale keha toodab. Need katsed on näidanud, et negatiivsed, vägivaldsed ja muret tekitavad pildid ja videoklipid ärritavad. Ärritus omakorda paneb keha tootma üleliigses koguses stressihormoone. Stressihormoonid omakorda pärsivad immuunsüsteemi tööd ja soodustavad muuhulgas ka rasvade ladestumist kudedesse. Ilmselt enamus meist teab, et ärritunud ja stressis inimene haigestub sagadamini kui õnnelik ja rõõmus.

Neuroplastika on uus ja arenev teadusharu. Paljud enesearenduse valdkonnas tegutsevad koolitajad juba kasutavad neuroplastika uusimaid avastusi oma koolitus-programmides. Üks tuntumatest on vast John Assaraf, raamatu „Vastus“ autor.

Soovide täitumise ja oma elu loomise oskust saame täiendada erinevaid valdkondi tundma õppides.

Eelmises peatükis oli selleks kvantfüüsika, nüüd neuroplastika ja aju uuringud. Lõpptulemus on ikka sama – mõtted ja tunded loovad isiklikku maailmapilti.

Ja veelgi täpsemalt öeldes – meie mõtted ja arusaamad, mis on muutunud harjumusteks ja uskumusteks, on meie igapäevane elu.

Tänu neuroplastika teadusharule on tänapäeval võimalik teaduslikult tõestada negatiivsete, positiivsete ja õigesti mõeldud mõtete mõju kehale. Iga nimetatud mõtteliik tekitab **erinevaid** biokeemilisi reaktsioone inimkehas.

Õigesti mõtlemisest juba lähemalt järgmises peatükis.

Negatiivne-, positiivne- ja õigesti mõtlemine

On negatiivset mõtlemist, on positiivset mõtlemist ja on õigesti mõtlemist. Positiivsest mõtlemisest on palju kirjutatud ja räägitud. Positiivse mõtlemise lähtekoht on – **mida mõelda**. Aga ainuüksi sellest ei piisa, et oma elu tegelikult muuta. Vaja on teada, **kuidas mõelda**. Õigesti mõtlemise ja positiivse mõtlemise erinevat mõju on kinnitanud ka neuroplastika alased uuringud.

Alateadvus „mõistab" meie tavateadvuse mõtteid talle omasel viisil. Alateadvus reageerib nö mõtte all olevale mõttele. Näiteks mõtleb keegi sellist mõtet: „soovin, et mul oleks rohkem raha", siis selle mõtte all olev mõte on tegelikult: „mul ei ole piisavalt raha".

Alateadvuse jaoks on – „mul ei ole piisavalt raha" – korraldus ja ta hakkab seda korraldust täitma, tuues sinu ellu situatsioone, kus sul ei ole piisavalt raha. Samuti jääb alateadvusele selgusetuks kui palju on **rohkem**. Üks euro on ka rohkem. Õige on mõelda: „mul on piisavalt raha".

Võtame näiteks sõna „uskuma". Kasutuses on mõtted - usu iseendasse; usu, et saavutad oma eesmärgid; usu, et sa saad, mida iganes soovid jne. Sõna „uskuma" all olev mõte sisaldab endas kahtlust ja ebakindlust. Ma ei vaja usku, et oma kallist kaasat armastada. Ma tean, et armastan.

Ei mõelda ju: „usun, et armastan oma last". Võrdle järgnevaid lauseid:

„Ma usun, et saan sellega hakkama."
„Ma **saan** sellega hakkama"

„Ma usun, et leian uue töökoha."
„Ma töötan … (ametikohal-firmas)."

„Ma usun, et minu sissetulek suureneb järgmisel aastal."
„Minu sissetulek **on** .... eurot kuus."

„Ma usun, et olen õnnelik"
„Ma olen õnnelik"

„Ma usun" lausete puhul hakkab alateadvus sinu ellu looma rohkem uskumist. Kindlate oleviku vormis lausete peale hakkab alateadvus sinu ellu looma soovitut.

Või sellised sõnad nagu „puudu ja puudus". Iga kord, kui me tunneme millegi puudust, ei luba me sellel enda ellu tulla. Me hoopis kas teadlikult või alateadlikult tekitame vastuseisu soovitule. Kui keegi, näiteks, soovib enda ellu elukaaslast, siis iga kord elukaaslasest puudust tundes, toimub soovi annulleerimine. Mõtte „ma tunnen nii suurt puudust, et mul elukaaslast ei ole" fookus on puudusel ja üha rohkem puudust inimese ellu tekib.

Unistuste tahvel või tahtmiste tahvel

Sõnadel, mõtetel, soovidel ja unistustel on suur jõud. Puudutan siin põgusalt sellist teemat nagu unistuste tahvel (vihik või plakat, kuhu pannakse kirja oma unistused ja lisatakse pildid juurde).

Unistus, uni ja unenägu on samatüvelised sõnad ja kannavad sarnast informatsiooni. Unistuseks peetakse midagi, mis on kauge, hetkel kättesaamatu ja selle täitumine ka tulevikus ebakindel. Kui meiega midagi ebameeldivat juhtub, soovime, et see oleks vaid uni. Näeme halba und ja rõõmustame: oh kui hea, et see oli vaid unenägu! Ehk une, unenägude ja unistamisega seotu on meie teadvuse (või alateadvuse) jaoks vähemal või rohkemal määral ebareaalne, kauge, mitte-päris.

Sõnadel ja mõtetel on jõud. Nad loovad. Ja mitte, et mõni mõte loob, vaid – iga mõte loob. Seepärast ongi oluline, **milliseid** sõnu me kasutame. Näiteks kasutades sõna unistus, loome sellega niisugust tähendust, milline on meie arusaam just sellest sõnast. Arusaamise juures, et „unistus" on midagi kauget ja kättesaamatut, loome alateadlikult ja tahtmatult midagi sellist, mille poole on vaja püüelda. Ka siis pole kindel, kas unistus üldse kunagi täitub. Nende täitumist on peetud paljuski suureks õnneks või imeks – „uskumatu, mu unistus täituski!"

Unistuste tahvel kannab endas iseenesest head ideed, aga kui vaadata, mis sisuga üks keskmine unistuste tahvel on, siis nimetaksin seda lihtsalt soovide ja tahmiste tahvliks. Soovitakse saada autot, maja, elukaaslast, soojamaa reisi jne.

Sõnadel „soovin“ või „tahan“ on palju konkreetsem tähendus. Need sõnad sisaldavad palju enam jõudu ja on lähemad kui „unistus“. Ja kui soovid-tahad endale uut kodu või ükskõik mida – seni kuni soovitu-tahetu saamine valmistab sulle rõõmu, teeb elu lihtsamaks, mugavamaks, ilusamaks, ei kahjusta kedagi ega midagi - on tahtmised omal kohal. Tahmiste tahvel kõlab minu meelest päris hästi.

Võib ju mõelda, et mida see üks sõnake ikka muudab, aga paraku muudab. Kui me nimatame asju õigete nimedega, muutuvad meie arusaamad, mõttemustrid, uskumused ja teadmised ning soovid saavad täituda.

Kui unistuste- või tahtmiste tahvli soovid on enamasti „mulle endale“-soovid, siis tasakaalu mõttes võiks teha näiteks ka kingituste tahvli.

Kujuta ette, et sinu vanus, tervis, raha ega perekonnaseis ei takista sind ning pane kirja, mis on see üks asi, mille sa kingid: kallile kaasale, emale, isale, vanavanematele, õele-vennale, lastele, mõnele sõbrale-tuttavale, kodulinnale ja kogu Eesti rahvale. Tee seda ühe-kahe lausega, oleviku vormis. Näiteks: kingin emale..., kingin isale... jne.

Kingituste tahvlil olevate ideede ellu viimine võiks käija käsikäes sinu enda soovide, eesmärkide ja ideede täide viimisega. Soovide, tahtmiste, kingituste kirjapanek annab ajule signaali, et tegemist on tähtsa asjaga (kirjutan üles, et ära ei ununeks).

Tekib emotsionaalne mälupilt, kirjapandu jääb sulle paremini meelde ja sagedane meenutamine loob ajus uut närvivõrgustikku. Hakkad ümbritsevat energiavälja mõttega mõjutama ja mõte materialiseerub füüsiliseks sündmuseks – kingitus saab kingitud.

Järjepanu millestki mõeldes, tekib ajus sujuvalt töötav närvivõrgustik, mille tulemusel siseneb mõte alateadvusse ehk alateadvus võtab selle mõtte omaks. Kõik, mille alateadvus omaks võtab, on „korraldus" ümbritsevale energiaväljale reageerida ja soovitu materialiseerub inimese ellu. Alateadvus ja ümbritsev energiaväli töötavad nö käsikäes. Alateadvuses olevad mõttemustrid ja uskumused on need, millest meie isiklik reaalsuspilt „kokku pannakse". Alateadvus loob kogu aeg, ka ilma tavamõistuse otsese sekkumiseta.

Kuna alateadvus „näeb" talle omasel viisil, saab alateadvust nö „ära petta". Kui soovitut ette kujutada (visualiseerida) ja sinna juurde kasutada õige ülesehitusega mõtteid, hakkab ajus tekkima uus närvivõrgustik.

Pidevalt ja tihti soovitut visualiseerides ja õigesti mõeldes see närvivõrgustik suureneb ja muutub sujuvalt toimivaks.

Teatud hetkel toimub mõtte aktiveerumine ja mõte (soov) nö siseneb alateadvusse. Nii toimub ka automaatselt ja harjumuslikult mõeldud mõtete sisestamine alateadvusse – mille tulemusel saavad tekkida mittesoovitud elusündmused.

Meie mõistusel on sõna otseses mõttes võime mõelda mõtteid füüsilisteks, reaalseteks asjadeks, aga ainuüksi positiivsest mõtlemisest ei piisa. Esmalt on vaja teada, kuidas mõelda, ja alles siis, mida mõelda. Oluline on mõista, kuidas alateadvus „näeb" ja tõlgendab meie tavamõistuse mõtteid.

Kui soovid midagi luua või sead endale eesmärke, peavad nii sinu tavamõistus kui ka alateadvus teadma, et neid on võimalik saavutada. Punnitades lihtsalt naljaviluks siili elu-tuppa manifesteerida, see paraku ei õnnestu.

Enamus meie igapäevastest tegevustest on harjumuslikud, nii on ka mõtted harjumuslikud. Eelmisest peatükist lugesid, et harjumused on sujuvalt töötav ja pidevalt kasutuses olev närvivõrgustik. Seda närvivõrgustikku saab muuta – seega saame enda harjumuslikke tegevusi muuta. Paljud inimesed on harjunud negatiivselt mõtlema. Paljud inimesed on harjunud positiivselt mõtlema. Siinkohal võiks kaaluda võimalust harjutada ennast õigesti mõtlema.

Harjumustest täpsemalt juba järgmises peatükis.

Harjumused ja kuidas neid muuta

„Harjumus on tegevus, mis on korduva sooritamise (sh õppimise) teel muutunud automaatseks või tavapäraseks. Harjumusliku tegevuse tegemata jätmine on isikule raske ja ebameeldiv, selle tegemine aga pakub rahuldust. Juba tekkinud harjumusi on raske muuta.“ (viide 7)

Järgnev nimekiri võib anda sulle häid ideid, mida oma ellu tuua või ära jätta. Need on rikaste ja edukate inimeste harjumused, mis pärinevad Tom Corley raamatust „Rich Habits“ (*Rikaste harjumused*).

86% rikastest armastavad raamatuid lugeda, vaestest 26%

86% rikastest panustavad elukestvasse õppesse, vaestest 5%

84% rikastest usuvad, et head kombed loovad edu-võimalusi, vaestest vaid 4%

74% rikastest õpetavad oma lastele kasulikke edunippe, vaestest vaid 1%

44% rikastest ärkavad hommikul 3 tundi enne tööle minemist, vaestest teeb seda 3%

6% rikastest vaatavad tõsielusarju, vaestest 78%

67% rikastest vaatavad päevas telekat tund aega või vähem, vaestest vaatab nii vähe vaid 23%

79% rikastest tegeleb kuus 5 tundi või rohkem oma tutvusringkonna laiendamisega, vaestest vaid 16%

88% rikastest loeb päevas 30 minutit või rohkem, et end (ametialaselt) harida, vaestest vaid 2%

80% rikastest helistab tuttavatele sünnipäeva puhul, vaestest vaid 11%

67% rikastest kirjutavad oma elu eesmärgid üles, vaestest vaid 17%

76% rikastest teeb nädalas 4 korda trenni, vaestest vaid 23%

80% rikastest pühendab end korraga ühele eesmärgile, vaid 12% vaestest

Juba tekkinud harjumusi on raske muuta, aga mitte võimatu. Ja ka uusi harjumusi on raske juurutada, aga mitte võimatu. Harjumusi on lihtsam muuta ja juurutada, kui tead harjumustsükli komponente.

Raimo Ülavere kirjutab veebilehel www.mindsweeper.ee harjumuse tsükli ja selle muutmise kohta järgmist:

„Harjumuse tsükkel ehk mis on harjumus“

Harjumus, igasugune harjumus alates suitsemisest kuni iganädalase töökoosolekul osalemiseni koosneb kolmest osast: päästik, rutiin ja auhind.

***Päästik** on see, mis käivitab harjumuse. Tekitab ootuse, et nüüd hakkab juhtuma see, mis on ikka juhtunud (kui see on juba harjumuseks kujunenud). Kui võtan kapist spordi-riided välja, siis ootab mind ees mõnus tunnike iseendaga ja füüsiline pingutus.*

Või kui kalender ütleb, et aeg on minna iganädalasele töö-koosolekule, siis tekib ootus, et ees ootab viljakas arutelu. Või siis mõnus koosviibimine toredate inimestega või veel mingi kolmas-neljas asi...

***Rutiin** on see, mida harjumuse ajal tehakse – trenn, koosolek, suitsu tõmbamine, hammaste pesemine või meilide lugemine. See on rutiinne tegevus, mis seob omavahel päästiku (midagi hakkab juhtuma) ja auhinna (see on see, mida ma tegevusest saan).*

***Auhind** on see, mis tunde või emotsiooni me rutiini tagajärjel saame. Kui on trenn, siis tõenäoliselt endorfiine (õnnehormoone), tunde ja teadmise, et "tegin ära" või "tehtud" või mingi kolmas-neljas asi.*

Olenevalt inimesest. Hea koosolek tekitab meis võib-olla tunde, et liigume edasi ja oleme üheskoos. Muuseas, kui auhind on negatiivne (koosoleku tagajärjel tunned end nagu läbi klobitud koer), siis see pole päriselt sinu harjumus – esimesel võimalusel sa loobud sellest "harjumusest"....

Kui harjumus on välja kujunenud, siis tekib inimese jaoks ka otsene seos päästiku ja auhinna vahel – kui kell saab üksteist esmaspäeval (päästik), siis algab iganädalane töökoosolek, kus ootavad ees toredad inimesed, mõnus õhkkond ja hea huumor (auhind). Ehkki arutame seal täitsa töiseid ja tõsiseid asju (rutiin).

Uue harjumuse tekitamine

Kui silmas pidada eespool toodud kirjeldust, siis tuleks mõelda lisaks rutiinile (mida tavaliselt tehakse) ka sellele, mis võiks olla "päästik" (kuidas me tekitame ootust) ja milline võiks olla "auhind". Ja rutiini siis ka selle järgi seadma. Näide: kui soovitakse kehtestada uut koosoleku-rutiini, kus hakata arutama vigadest õppimist, siis on ehk hea mõte korra mõelda, mis võiks olla see positiivne emotsioon, mida osalejad sealt kaasa võiksid võtta. Nii et nad tahaksid ka järgmine kord sinna koosolekule tulla, kui "päästik" lahti lasta. Õppida lisaks vigadest ka edulugudest? Keskenduda eelkõige edasi liikumisele ehk lahendustele? Vms.

Muuseas, hea on meeles pidada ka tõsisasi, et uue harjumuse loomine on keerukam ja aeganõudvam, kui vana muutmine.

Vana harjumuse muutmine

Uue harjumuse tekitamisest lihtsam on vana muutmine. Sisuliselt tähendab see "päästiku" ja "auhinna" säilitamist ja rutiini muutmist. Toon näite. Tahtes loobuda liigsetest kilodest pole mõtet hakata muutma oma elu 180 kraadi ning tekitada täiesti uut harjumust. Pigem leida üles, mis on see "päästik" (aeg, inimene, koht, eelnev tegevus, emotsionaalne seisund) – näiteks õhtul üksi teleka ette jäämine, kui teised on magama läinud.

Ja teiseks leida üles, mis on see "auhind" – saan üksi olles rahulikult mugida vms. Ning muuta rutiini – pista grillitud kanakintsu asemel nahka üks õun.

Analoogia koosolekuga: "päästik" – kalendriteade koosolekust, "auhind" oma tiimis heas õhkkonnas ja mõnusa huumoriga tekkiv tunne, et ajame ühte asja. Rutiini muutus – alustame koosolekut sellest, mis meil hästi läks ja mis meid ees ootab. Ja probleeme lahendame pigem ankurdades end lahenduse kui probleemi külge.

Üks oluline asi veel.

Harjumustes on tõepoolest suur jõud. Küll aga pole ehk mõtet hakata muutma kõiki harjumusi korraga – see on lihtsalt liiga suur tükk, olgu see isiklikus elus või organisatsioonis. Mõistlik on üles leida n.ö võtme-harjumus, mingi esmapilgul ehk vähetähtsana tunduv harjumus, ent mille muutumine võib kaasa tuua ahelreaktsiooni ehk teiste harjumuste muutumise. Isiklikus elus võib näiteks kaalu langetamine olla just see, mis viib tervisliku toitumiseni, seal edasi läbi enesekindluse kasvu sisukama tööni, suurema vastutuseni jne. Organisatsioonis võib aga märgilise tähendusega mõju olla juba ühe nädalakoosoleku sisu muutumine. Ja doomino efekt võib viia... kuhu iganes. (viide 8)

Eelpool loetust selgub, et mõistlik on üles leida just see võtmeharjumus või üks osa suurest harjumusest ja muuta seda. Mina olen hakanud looduses jooksmas käima. Kuigi olen nooruses palju spordiga tegelenud, oli raske ennast soojast toast, välja külma kätte jooksma „sundida".Aga küll on mõnus enesetunne pärast. Just see hea enesetunne on olnud minu „auhinnaks".

Järgmine peatükk on rahateemaline. Ka rikkus ja edukus on harjumus, tingitud harjumuslikest mõttemustritest ja tegevustest. Rahateemadel jätkamegi.

Rohkem raha

Oled sa kindel, et see, mida vajad, on rohkem raha? Kas miljon eurot pangakontol on lõppeesmärk? Tavaliselt, kui mõeldakse, et vajatakse rohkem raha, vajatakse raha mingisuguse asja või teenuse ostmiseks. Ja kui veelgi sügavamale minna, siis tegelikult ei soovita ka seda asja või teenust vaid soovitakse kogeda tunnet või emotsiooni, mida see konkreetne asi või teenus annab. Rohkema raha soovi taga on alati tunne, mida raha kasutamise tulemusel soovitakse kogeda. Raha, asi ja teenus on soovitud tundeni viivad vaheetapid. Enamasti tahetakse kogeda õnnetunnet, turvatunnet, mugavusetunnet, kergusetunnet või lihtsusetunnet. Ehk lõppeesmärk ei ole miljon eurot pangakontol, vaid emotsioon, mida raha kasutamine võimaldab tunda.

Alljärgnev, USA-s läbiviidud uurimus, kinnitab eelpool kirjutatu paikapidavust. Selles uuringus esitati inimestele küsimus: „kumma valiksid, kas õnne või raha?“ Vastused olid etteaimatavad: enamus inimesi vastas, et valiks õnne.

Uuringu teises etapis paluti nendel inimestel, kes vastasid, et valiksid õnne, tekitada endas see kõige õnnelikuma inimese emotsioon või tunne.

Niisiis, igal inimesel selles uuringus paluti tunda, et tema on kõige-kõige õnnelikum inimene maailmas. Kohe südamest kõige-kõige õnnelikum. Katses osalenud inimesed proovisid siis nii hästi, kui keegi oskas, seda tunnet tunda. Neilt küsiti: „Milline näeks välja sinu elu kõige õnnelikuma inimesena maailmas?

Mida sa teeksid täna, homme, ülehomme, kui sa oleksid kõige õnnelikum inimene?" Vastused näitasid, et ega midagi erilist osatudki vastata. Elu läheks ikka samamoodi edasi, ainult et õnnelik on olla.

Uuringu kolmandas etapis paluti ikka nendel samadel inimestel, kes just olid läbi teinud õnnelik olemise katse, ette kujutada, et nad on maailma kõige rikkamad inimesed. Et neil on suur-suur varandus ja palju-palju raha. Seekord tunnetasid nad rikkuse tunnet. Küsimus, mida küsiti oli sarnane: „Milline näeks välja sinu elu kõige rikkama inimesena maailmas? Mida sa teeksid täna, homme, ülehomme, kui sa oleksid kõige rikkam inimene?"

Seekord olid vastused hoopis värvikamad ja elumuudatused suured. Inimesed kirjeldasid suure õhinaga, mida kõike nad teeksid, kus käiksid jne – kuidas raha kasutaksid. Kes lihtsalt osteldes või reisides, kes osutaks mõnda teenust või valmistaks toodet, kes teeks teistele kingitusi.

Uuringu viimases, neljandas, etapis paluti inimestel vastata uuesti esimesele küsimusele. Kumma nad valiksid, kas õnne või raha?

Ka nüüd olid vastused etteaimatavad – enamus inimesi valis seekord raha.

Keegi neist inimestest ei jäänud nö „oma raha otsa istuma“. Raha hakati kasutama ning erinevad kasutusviisid pakkusid inimestele erinevaid soovitud tundeid. Kuigi uuringust võib esmapilgul välja paista, et rohkem raha on parem kui õnn, saab öelda, et tegemist on ühe mündi kahe poolega. Nii õnn kui raha - mõlemad on olulised. Üdini õnnelik, aga puruvaene inimene on üks äärmus ja pururikas, aga üdini õnnetu teine äärmus.

Tänapäeval on keeruline olla täiesti õnnelik ilma rahata. Aga keskenduma ei peaks ainult rahale, vaid sellele, kuidas sinu töö, toote või teenuse kasutamise tulemusel paraneb sinu enda ja teiste elukvaliteet. Parem elukvaliteet = soovitud hea tunne.

Rohkema raha „nipp“ ei ole „raha tegemises“ vaid iseendale ja teistele inimestele soovitud-otsitud tunde ja emotsiooni pakkumises. Inimesed, kes on rikkad (suhteline suurus) ja rõõmsad, teevad seda, mis neile rõõmu pakub, mida nad hindavad ja oskavad, ning pakuvad seda, mille järgi on vajadus.

Näiteks Peep Vain või Oprah Winfrey teevad „oma asja“. See pakub neile endile suurt rõõmu ja naudingut ning nende töö tulemusel paraneb kaasinimeste elukvaliteet.

Alljärgnevalt mõned huvitavad ja tavatud näited inimeste leidlikkusest.

Esimene, on näide mehest, kes kasutas *Google* otsingut, et teada saada milliseid otsisõnu kõige rohkem kasutatakse ja millised neist saavad kõige vähem vastuseid. Tuli välja, et otsisõnad, mida palju sisestati, aga vastused soovitud lahendust ei pakkunud, olid: „kuidas õpetada papagoid rääkima“. See mees otsis internetist ja leidis kaks-kolm papagoide rääkima õpetamise treenerit. Tegi nendega intervjuu ja kirjutas sellest e-raamatu. Inimesed said oma küsimusele vastused ja olid nõus seda e-raamatut ostma.

Teine näide. Veebikeskkond *shopify.com* korraldab igal aastal uute ideede turustamise konkursi, mille peaauhinnaks on 50 000 USA dollarit. Sealt leiab palju huvitavaid ideid ja lahendusi. Eelmise aasta võistluse üks finalistidest müüs kaalulangetavat taimeteed. Ei midagi erakordset ega uut, aga ilmselt on vajadus sellise toote järele suur. Käisin tema veebilehel seda kaalu langetavat „imeteed“ uudistamas. Minu meelest on tegemist täiesti tavalise taimeteega, aga pakutav vastab nõudlusele ja otsitavale tundele.

Kolmanda näite puhul pole pakutav toode otseselt vajalik, aga jällegi, leidub inimesi, kelles see tekitab soovitud-otsitud tunnet. Mees müüb spetsiaalselt sulle **käsitsi** teritatud harilikke pliiatseid.

„Väärtus“, mida ta müüb, on just sulle käsitsi teritatud pliiatsi unikaalsus. Hind on 35 USA dollarit. Tundub, et äri õitseb, kuna müüdud on juba üle tuhande pliiatsi.

Heaks näiteks on ka Eesti edukad idufirmad.

Idufirma (inglise keeles start-up*) on ettevõte, mis on loodud eesmärgiga leida uus skaleeruv ärimudel. Idufirmat eristab* *teistest (alustavatest) firmadest asjaolu, et idufirma toodet või teenust ei ole veel äriliselt tõestatud, puudub välja-kujunenud kliendibaas ja ärimudel on pidevas aktiivses arengus ning võib isegi kardinaalselt muutuda protsessi käigus. Idufirma võib tegutseda mis tahes valdkonnas.* (allikas: Wikipedia)

Edukad ja tänaseks üle maailma tegutsevad idufirmad on välja selgitanud inimeste vajadusi ja siis neile lahendusi pakkuma hakanud. Kuulates nende firmade juhtidega tehtud intervjuusid, ei ole neil peamiseks eesmärgiks olnud „teha suurt raha“. Rõhk on sellel, mida vajatakse loomisel, uute lahenduste pakkumisel ning tööd tehakse rõõmu ja naudinguga. Kliendid saavad oma vajadustele lahenduse - uue ja efektiivse lahenduse - see aga annab kliendile heaolu tunde ja elu on muutunud rõõmsamaks.

Rahateema lõpetuseks

Võib olla tänulik, et meil on palju raha, või süüdistada raha kõiges selles, mida me endale lubada ei saa. Kui palju kordi oleme kurtnud, et teda ei jätku, jälle on otsas, ikka on vähe või, et teda pole üldse vaja? Kõik need mõtted on muidugi loovad ja inimese ellu tekib selliseid situatsioone üha juurde. Aga raha ei ole iseenesest hea ega halb, ta on neutraalne. Kuidas raha kasutatakse, seda saab liigitada heaks või halvaks.

Küll on aga aegade jooksul välja kujunenud mõttemuster, et raha on vaja teenida.

Raha teenimisest rääkides... Millist tunnet tekitab sinus sõna teenima? Näiteks väljendid: Kui palju sa teenid? Ma teenin päris hästi.

Kas sulle meeldib kedagi või midagi teenida? Või kas raha vajab, et teda teenitakse? Mida tähendab „teenima“?

Sõnal „teenima“ on palju varjundeid – ümmardama, passima, aega teenima (kaitseväes teenima), raha teenima. Tänast raha teenimist ei võeta otseselt teenijaks olemisena. Kuid kas me just seda ei tee? Rohkemal või vähemal määral elab inimkond nii nagu raha dikteerib – on raha – saan; ei ole – ei saa. Ideaalis ei peaks raha määrama, mida mina võin osta, mida mitte, kuhu saan reisida, kuhu mitte. Raha ei ole vaja teenida. See on mittekasulik mõttemuster, mis tegelikult loob seda, mida ei soovita oma ellu.

Kindlasti ei ole kerge kohe ja lõplikult tõsta iseennast rahapuuduse (mistahes puuduse) mõttemustrist kõrgemale. Hea on vaadata üle senised arusaamad, harjumused, oskused - leida üles „nõrgad kohad“ ja vajadusel neid muuta ja täiendada. Mida rohkem me teeme rahast probleemi, seda suurem probleem raha on.

Mõte loob, mitte raha. Raha ei ole see, mis asju tekitab, vaid mõte. Ka raha on asi, mõtte tekitatud. Sul on võime luua **kõike**, mida soovid. Igal hetkel. Kõike. Raha praegusel kujul on loomisvõime väändunud väljendus. Unustusse on vajunud oskus nö „otse“ luua. Peatüki alguses kirjutatud mõtted, et peamine ei ole „raha teha“, vaid suunata tähelepanu sellele, mis pakub rõõmutunnet iseendale ja kaasinimestele, on loomise „otsesem“ viis.

Rohkem raha = teha asju rõõmu pärast, mitte raha pärast.

Järgmises peatükis vaatamegi, mis võiks olla see sinu „oma asi“. See mida teha rõõmu ja naudinguga, tõstes niimoodi iseenda ja kaasinimeste elukvaliteeti.

Sinu sajapunkti idee

Eelmine peatükk lõppes mõttega, et küsimus ei ole „raha tegemises“ ega raha pärast millegi tegemises, vaid just „**oma asja**“ tegemises. Selle, mis sulle kõige rohkem rõõmu ja rahulolu tunnet pakub ning kaasinimeste elukvaliteeti tõstab.

Pakun sulle siin ühe lihtsa ja efektiivse võimaluse „oma asja“ või idee välja selgitamiseks. See on nii neile, kes alles otsivad seda päris õiget „oma asja“, kui ka neile, kes juba teavad, mis on nende „oma asi“, aga ei tea võib-olla veel päris selgelt, mis on järgmine õige samm.

Järgneva mõte ja rõhk on sellel, mida sa teeksid või ette võtaksid just esimese asjana. Millega sa oma vaba **aega** sisustaksid, mitte seda, mida sa oma **vaba rahaga** peale hakkaksid. Kui raha, vanus, lapsed või perekonnaseis ei takistaks, mis oleks siis see esimene idee, mille ellu viiksid?

Et hakata välja sõeluma seda esimest ideed või järgmist sammu, pane kirja kõik ettevõtmised, mida teeksid; projektid, mille käivitaksid; tooted, mida valmistaksid; teenused, mida pakuksid; kursused, kus osaleksid; valdkonnad, kus uut oskust omandaksid; kauaaegsed südamesoovid jne. Pikalt ja põhjalikult ei ole vaja keskenduda, pane lihtsalt märksõnad ritta. Lase mõtetel lennata. Täna said ideed otsa, proovi homme uuesti.

„Mida sa sooviksid teha“ ideed ei ole soov kuskile soojale maale puhkama minna või uut autot osta. Siinse mõte on sinu nö suure „oma asja“ välja selgitamine - selle, mis pakub nii sulle kui ka kaasinimestele rõõmu ja tõstab kõigi elukvaliteeti. „Oma asi“ on see, mis peaks kujunema ka kõige tulusamaks ettevõtmiseks.

Selline ideede genereerimine võib kesta päevi, nädalaid või kuid. Lähtekoht on alati sama: raha, vanus ega perekond ei ole takistuseks sinu ideede elluviimisel.

Tähtis on need ideed kirja panna. Täiskasvanud inimene mõtleb keskmiselt 48 mõtet minutis. Pooli me nendest vaevalt, et mäletame ja üles kirjutamata ideed ununevad kiiresti. Ideede kirjapanemisel on ka teine tähtis külg - saad neid pärast „kaaluma ja katsuma“ hakata.

Ideede kirja panemine on üks hea võimalus, kus teadmisi ellu rakendada. Sinu ego võib sulle praegu pakkuda igasuguseid ratsionaalseid põhjendusi, miks sa ei peaks ideid kirja panema. Seda sellepäast, et ego kardab elumuutust, isegi kui see muutus on paremuse poole.

Egole on „paremuse poole“ tundmatu keskkond ja sellepärast püüab ta olla seal, kus tunneb end turvaliselt.

Elu võib olla küll kehv, aga vähemalt on see teada ja tuntud keskkond - nii „mõtleb“ ego.

Olles ideed ja mõtted kirja pannud, (neid võib olla ainult mõni üksik või päris palju), hakka neid „kaaluma ja katsuma“. Võta üks idee ühte kätte (mõttes) ja teine teise ning proovi tunnetada, kumb nendest ideedest kõlab sinus rohkem. Kumb idee tekitab sinus rohkem head ja „õiget“ tunnet.

Proovi tunnetada kogu kehaga, mitte üksi mõistusega. Kui kohe ei õnnestu erinevust tajuda, proovi hiljem uuesti. Sedasi kaaludes-katsudes ja vähemkõlavaid ideid välja sõeludes, jõua kahe kõige kõlavama ideeni.

Hinda nüüd 100-punkti skaalal, kumb idee tekitab sinus suuremat **tänutunnet**. Mõtle selle idee elluviimise peale; mõtle tundele, mida selle idee ellu rakendamine sulle annab. Rõõm, hea enesetunne, mõnus ootusärevus jne. Mängi nende kahe idee ellu rakendamise tundega, mitu päeva kui vaja. Õige idee saab lõpuks 100 punkti.

Olles teada saanud, mis on see kõige rohkem rõõmu valmistav idee, saad hakata seda ellu viima. Üks samm korraga. Rahulikult plaanides ja kaaludes.

Pane kirja esimene samm ja selle sammu täideviimiseks vajalikud sammud. Vaata, kas saad ise hakkama või vajad kellegi abi või pead midagi juurde õppima.

Kui vajad kellegi abi, mõtle kes see võiks olla. Äkki annab just sinu koostöö ettepanek või abipalve talle impulsi „oma asja“ ellu rakendamiseks.

See idee võib olla midagi sellist, mida saad teha olemasoleva ameti või elukutse kõrvalt. See idee võib aga olla ka midagi sellist, mille ellu viimiseks on vaja suuremat elumuutust ja võib-olla ka olemasolevast töökohast loobumist. Olen erinevatest meediakanalitest kuulnud ja ka mõned tuttavad on öelnud, et teeksin küll seda, mis mulle tegelikult huvi pakub, aga sellega ei ela ju ära. Minu meelest ei ole see nii.

Just „oma asja“ tehes ning rõõmuvalmistavaid ja elukvaliteeti tõstvaid ideid ellu rakendades, on elu ka rahalises mõttes edukas. Oprah on kindlasti miljonär, Peep Vainu rahalist seisu ei oska ma kommenteerida, aga tema raamatut „Kõige tähtsam küsimus“, on ostetud üle 20 000 eksemplari.

Otsus hakata oma 100 punkti saanud ideed ellu rakendama ei pruugi su sõpradele, tuttavatele või vanematele esialgul õigena tunduda. Võid kohata vastuseisu või halvustavaid pilke. Samas, on üha rohkem ja rohkem kuulda olnud, et isegi rikkad ärimehed ja -naised muudavad senist tegevus-valdkonda ja hakkavad südamesoove ellu rakendama.

Kellel sooviks „maailma päästa“, kellel sooviks lihtsalt oma tööst rõõmu tunda. Fookus ei ole „raha tegemisel“, vaid heal enesetundel ja elukvaliteedi tõstmisel.

Olen kasutanud siiamaani kahte mõttesuunda – „idee“ ellu viimine ja „oma asja“ ellu viimine. Minu jaoks on neil kahel mõttesuunal natuke erinev lähtekoht. Kui idee ellu viimine on pigem ühekordne ja lühem ettevõtmine, siis „oma asi“ pikem ja elukestvam projekt.

Kumba valdkonda sinu 100 punkti saanud projekt kuulub? On see idee või „oma asja“?

Erinevatel eluetappidel kerkivad esile erinevad vajadused. Kord on vaja ellu viia üks konkreetne idee, teine kord hakkab avalduma pikem projekt. Tähtis on vaid, et see idee või „oma asi“ pakub sulle rõõmu ja tõstab nii sinu enda kui ka kaasinimeste elukvaliteeti.

Mis eristab igapäevaseid tava-tahtmisi ja soove, 100-punkti ideest või „oma asjast“?

Lihtsuse mõttes kasutan „100-punkti idee või „oma asja“ kirjeldamiseks edaspidi sõna südamesoov. Südamesoov võib seega olla üks lühemaajalise idee ellu viimine või ka pikem, hoopis elukestev projekt.

Enamjaolt on meie soovid mõistusega mõeldud tahtmised, mida usutakse olevat tõelised südamesoovid.

Neid mõistuse soove hakatakse ellu viima, pannes sinna oma aega, raha ja teadmisi. Nii nagu ikka, tekivad varem või hiljem takistused, kõik ei liigu plaanipäraselt.

Alguses on võimalik takistusi ületada, aga ajapikku muutuvad need üha suuremaks. Kuna tegemist on mõistuse soovidega, on tulemuseks tavaliselt läbipõlemine. Proovitakse üha uuesti ja uuesti mõnda eesmärki saavutada ja pingutatakse veelgi rohkem. Edu võibki aastaid kesta, kuid kuna tegemist ei ole südame sooviga (100-punkti idee või „oma asi“), tekib varem või hiljem väsimus ja mõttetuse tunne. Mõistuse soovidel on piiratud kandevõime.

Inimesed, kes viivad ellu oma südamesoovi, mõtlevad, tegutsevad ja käituvad teistmoodi. Fookus on koostööl ja üksteise abistamisel. Ehitusmees või bussijuht, kes armastab oma tööd, käitub ehitusplatsil või bussiroolis hoopis teistmoodi, kui see, kellele ei meeldi tema töö.

Meenub paari aasta tagune situatsioon, kui soovisime ehitada koju uut ahju. Tuttav soovitas head kaminameistrit. Helistasime talle. Selle kaminameistri ooteaeg oli 1,5 aastat. Kui õigesti mäletan, siis oli kirja pandud vist 20 ahjuehitust enne meid. Ta teeb oma tööd südamega ja järjekord on ukse taga.

Seevastu paljud mõistuse soovid lähtuvad nö ego-tasandilt. Ego-tasandile on iseloomulikud konkurents, ärategemine, taga-rääkimine, teistest parem olla tahtmine jm.

Miks siis paljud inimesed ikkagi ei tee seda, mida süda soovib, vaid keskenduvad eesmärkidele, mida ratsionaalne mõistus peab tähtsaks ja õnne toovaks? Üheks põhjuseks võib olla see, et kui eesmärgi saavutamine ebaõnnestub, saab inimene ratsionaalselt mõeldes leida ebaõnnes-tumisele igasuguseid mõistuspäraseid põhjendusi. Süda jääb terveks ja mõistus on saanud oma loogilised vastused.

Paljud enesearendusprogrammid, raamatud ja koolitused soovitavad oma eesmärkide saavutamiseks panna kirja ajaline määrang. Näiteks märkmikusse mingi kindel kuupäev, millal eesmärk täidetakse. Kuupäeva kirjapanek peaks andma sulle lisamotivatsiooni. Kui sul juhtub olema eesmärke ja soove, millele oled täitumise kuupäeva kindlaks määranud, tea, et need on mõistusetasandi soovid. Tõenäoliselt vajad nende soovide täideviimiseks motivatsioonikoolitust. Mõistusetasandi soovidel ei ole häda midagi, aga selle raamatu mõte on julgustada sind enda südamesoovi avastama ja ellu rakendama.

Kokkuvõtteks veel seda, et ellu viies 100 punkti saanud ideed või „oma asja", teed sa küll seda, mis sulle rõõmu valmistab, aga ära ei tohi unustada ka turustamist. Sellest on vähe kasu, kui näiteks suure rõõmuga maalid, laulad või mõnda muud teenust-toodet teed, aga puuduvad teadmised ja oskused oma loomingut maailmaga jagada.

Just see on üks peamisi põhjuseid, miks paljud inimesed, kes „oma asjaga" alustavad, ebaõnnestuvad. Tahetakse kõik üksi ära teha või ei ole siis võimalusi oskustöölist palgata. Idee või „oma asja“ ellu viimisel tuleb sellega arvestada, kas on oskusi olla ka firmajuht, raamatupidaja, laotööline, veebilehe arendaja. Ning endiselt on vaja abikaasa ja lapsevanem olla.

Näiteks, seda raamatut kirjutama hakates teadsin, et mina ei oska teha kaanekujundust ega keeletoimetust. Nendes kahes valdkonnas vajasin abi.

Ega muud, nüüd on aeg tegutsema hakata. Kui sul peaks tekkima mõni muremõte seoses „oma asjaga“, siis mure-vabamast elust kirjutan järgmises peatükis.

Murevabama elu suunas

Ma ei usu, et sa teadlikult looksid oma ellu ebameeldivaid situatsioone. Kuid võib-olla oled sa praegu sellises olukorras, kus olla ei tahaks. Paljud inimesed lähevad läbi elu eitades enda osalust selles, mis nendega juhtub. „Seal kuskil“ ei ole mingit müstilist välist jõudu, mis põhjustab juhuslikke kannatusi. Meie isiklik elu on esmajärjekorras loodud meie endi poolt. Mida sulle lähemal, seda enam on seal sind ja sinu loodut. Meist edasi mõjutavad meie elu meie perekond, sõbrad-tuttavad, rahvuslik kultuuriruum ja planetaarne infoväli. Ka rahvused on koos-loojad.

Selle näiteks, kuidas ühe riigi rahvas koos-loob, on Lähis-Ida sõjaseisukord. Kohaliku elanikkonna tähelepanu on vägivallale keskendunud. Ja nad loovad seda üha juurde.

Või meie endi Eesti inimeste näide. Kui Andrus Ansip ütles välja lause: „15 aastaga viie rikkama riigi hulka!“ - milline oli ja on enamuse Eesti inimeste reaktsioon? Elu Eestis ei saa paremaks minna, kui paremat tulevikku ei peeta võimalikuks. Ega see iseenesest lihtne ole, sest meie tedvuses on teadmine – Eesti riik on vaene.

Millist elu loovad sellised mõtted: „mul ei ole raha“, „kõik on kallis“, „kust saaks odavamalt“?

Arvatakse, et raske elu põhjuseks on välised asjaolud ja süüdistatakse valitsust, tööandjat, ilma või saatust. Et elu saaks muutuda paremaks, on ääretult oluline teha lõpp igasuguste väliste asjaolude kritiseerimisele. Isegi kõige väiksem valitsuse kritiseerimine või muretsemine raha, tervise ja suhte pärast, **võimendab seda**, mida kritiseeritakse või mille pärast muretsetakse. Energiaväli reageerib ja loob juurde seda, millel tähelepanu hoitakse.

Kus iganes ärritutakse, näiteks liikluses või telekat vaadates, millal iganes vihastatakse, näiteks spordivõistlust jälgides, mille pärast iganes muretsetakse, näiteks halva tervise, laste käekäigu või valikute pärast - ikka ja alati saadetakse välja mõtteid, mis loovad seda, mida tegelikult ju ei soovita enda ellu. Ümbritseval energiaväljal on „käed-jalad" tööd täis, et puremõtetele vastata ja need inimese ellu toimetada.

Sarnane loob sarnast.

Siinkohal võivad mõned emad-isad ehk öelda: „Ma ju ikka muretsen, kuidas mu lastel läheb, ja et neil ikka kõik hästi oleks". Just siin ongi oluline teada, kuidas õigesti mõelda. Arvatakse, et tehakse head, aga tegelikult hoopis võimendatakse muretsemist ja saadetakse välja negatiivset mõttemustrit. Kasulikum on meenutada momente, kus laps on õnnelik ja rõõmus.

Või teistpidi: lapsed muretsevad oma vanemate pärast. See on samasugune mõtlemise viga nagu vanemate mure laste pärast.

Kasulikum on meenutada olukordi, kus vanemad on õnnelikud ja rõõmsad.

Väga raske on luua paremat elu iseendale, kui muretsetakse näiteks kliimasoojenemise, majandusliku situatsiooni, kohaliku omavalitsuse tegemiste vms pärast. Pidevalt muretsetakse kellegi või millegi pärast. Mittemuretsemine ei tähenda, et sa ei hooli või et sul on „külm süda“. Vastupidi, muretsemata jätmine just seda näitabki, et sa hoolid ja saad aru Universumi toimimise põhimõtetest.

Meedia, kino, televisioon, uudised

Kes rohkem, kes vähem, aga mingil määral vaatame me telekat, loeme lehti, käime kinos või surfame internetis. Lugedes poliitilisest afäärist ja ärritudes või nähes telekast vägivaldseid stseene ja sealjuures muretsedes, me tegelikult võimendame kõike seda. Nende sündmuste võimendamine toimub selle kaudu, et me lisame oma tähelepanu sinna. Kaasame enda mõtted nendesse sündmustesse, näiteks mõttes öeldes: „issand kui kohutav!“. Kõik see aeg on mõte ja tähelepanu olnud murel ja ärritusel. Välja kiirgub negatiivne mõtteenergia, ümbritsev energiaväli reageerib sellele ja loodud on veelgi rohkem negatiivset.

Milliseid tundeid tekitavad sinus järgmised sõnad:

kurjuse kannul, kättemaksu kontor, sunnitud tapma, truudusetu, mõrv sai teoks, kriminaalne, vägivald, hirmus, ei tohi, kole, jube, vastik?

Milliseid tundeid tekitavad sinus need sõnad:

naer, sõbrad, ilus, õnnelik, jah, rõõmus, mõnus, kerge, loomulik, armas, hea, suudan, saan, oskan, tean?

Tekkisid sul erinevad tunded neid sõnu lugedes?

„Juhtusin" nädalavahetusel telekast nägema „Õnne 13" seriaali. Mind üllatas, kui negatiivne see seriaal on. Sõnad, näoilmed, hääletoonid – enamus neist olid negatiivsed ja alandavad. Tund aega otsest vaesusteadvuse ja negatiivsuse propageerimist ja võimendamist. Ühtepidi paneb imestama, et see on Eesti üks vaadatuimaid sarju, teistpidi jälle ei pane. Paljud inimesed samastuvad seal nähtuga ja see kutsub vaatama.

Minu arvates on lahendus vaesusteadvusele see, kui järjest rohkem inimesi teadvustab, et mõtted loovad tema igapäevast elu. Parem ja murevabam elu algab oskusest luua oma ellu seda, mida soovime, ja samal ajal teadlikult vähendada mure, vaesuse ja negativismi võimendamist.

Suurem osa selle raamatu lugejatest on tõenäoliselt juba lapsevanemad. Lapsevanematena soovime lastele paremat tulevikku. Meie ei saa lastele paremat **isiklikku** maailmapilti luua, nemad ise loovad oma elu. Mida meie lapse-vanematena aga saame teha, on neile maast madalast selgitada, et mõtted ja tunded loovad. Et muuta ei saa ekraanil nähtavat, muuta saab filmilinti.

Meenutan siin raamatu sissejuhatuses toodud mõtet. Palju on kirjutatud sellest, kuidas mõtted loovad ja mõjutavad meie elu. Oleme seda küll kuulnud, kuid kas oleme seda ka päriselt mõistnud... Kui vaadata inimeste elusid, on näha, et mõistnud on seda tegelikult vähesed.

Kui siiamaani on raamatus palju juttu olnud sellest, kuidas mõtted loovad, siis järgmises peatükis räägime teisest väga tähtsast loomisprotsessi aspektist – tunnetega loomisest.

Tunded ja loomise kolm etappi

Iga mõte, mida mõtled, iga tunne, mida mõte tekitab, viib sind sinu soovi materialiseerumisele kas ligemale või sellest kaugemale.

Sellest, et mõte loob, on üksjagu kirjutatud. Kuid mis osa on tunnetel loomisprotsessis? Mis asi on tunne? Mille jaoks meil on tunded? Mida tunded teevad?

Tunnetel on erakordselt tähtis osa loomisprotsessis. Tunde jõud on nagu võimsus. Nii nagu automootoril on oma võimsus, nii töötab ka meie nn mõttemasin teatud võimsusel. Tunde suurusest ehk võimsusest sõltub, millisel määral ja kui kiiresti midagi meie ellu manifesteerub. Toon ühe näite enda elust.

Umbes kaks aastat tagasi, oli minu autosooviks must Volvo S80. Kujundasin arvutis A4 lehe, kus oli nii selle Volvo kui ka minu enda pilt ja juurde kirjutasin: „Minu auto“. Printisin lehe välja ja riputasin nähtavale kohale. Sinna see leht umbes kolmeks-neljaks kuuks jäi. Autopilt oli küll silme ees, aga see oli ka kõik. Mingit suurt tunnet ma sinna ei lisanud ja suhtumine oli – vaatame mis juhtub. Ajamöödudes autosoov vähenes ja lõpuks kadus ka väljatrükk.

Möödus umbes kuus kuud ja ma sain **kolm päeva kasutada** ühe tuttava musta S80 Volvot. Niipalju siis minu tundejõust selle autosoovi korral ☺.

Iga asja, sündmuse, nähtuse (mille iganes) tekkimisel on kolm etappi: algatamine, aktiveerumine, ilmnemine.

Algatamine - see on esimene impulss, idee, esimene mõte. Lisades algsele mõttele piisava koguse jõudu, energiat, toimub teatud hetkel aktiveerumine.

Esimesel loomisetapil (algatamisest aktiveerumiseni), olenevalt sellest, mida ja kuidas luuakse, on vajalik kindel kogus nii energiat kui aega. Mõne asja jaoks rohkem, teise jaoks vähem. Aktiveerumine on see punkt, (ajahetk, mingite sündmuste-nähtuste toimumine), peale mida on ilmnemine kindel ja vältimatu. Üle aktiveerumispunkti läinud loodavat sündmust, asja jne, ei ole võimalik tagasi võtta, tühistada ega muuta. Ta on loodud, on olemas. Millal see meie elus reaalselt ilmneb, on vaid aja küsimus. Ilmnemiseks vajalik aeg on erinevatel „asjadel" erinev. Küsimus on ainult millal.

Toon üldistava näite loomisetappide selgituseks.

Tuleb poisil pähe idee – tahan kiikuda üle võlli. Kogu kiigele hoo andmise aeg ja jõud, selle hetkeni kuni kiik lähebki üle võlli, on etapp algatusest aktiveerumiseni. See etapp võib olla suhteliselt lühike või vastupidi – väga pikk.

Näiteks, kui poisil jõudu vähe, peab kasvama, trenni tegema, enne kui üle võlli kiikuda suudab. Ja kui kiik on üle võlli läinud, siis seda enam muuta ei saa – kuidagi pole võimalik keerata tagasi ei kiike ega aega, et seda sündmust poleks toimunud. Aeg aktiveerumisest ilmnemiseni on selle näite puhul imelühike, nii kui sündmus aktiveerus (kiik läks üle teatud punkti), lõpptulemus (üle võlli) ehk soovitu ka ilmnes.

Reegel on – iga „asi“ vajab algatusest aktiveerumispunktini vähemalt minimaalset just selle „asja“ aktiveerumiseks jaoks vajalikku kogust mõtet, tunnet, jõudu, aega. Aktiveerumisest ilmnemiseni kuluv aeg võib olla imelühike, aga ka pikk... Näiteks lapse „ilmnemise“ puhul, algatamiseks on tore tegevus, aktiveerumiseks viljastumise hetk, täpne ilmnemise aeg sõltub paljudest teguritest, kuid on keskmiselt üheksa kuud.

Kui me teame, mida soovime luua-saada, tuleb soovmõttele lisada tundejõudu sellises koguses, et toimuks aktiveerumine. Vähene tunde lisamine on üks põhjustest, miks meie ellu ei teki soovitu. Tunde puhul kehtib vaid üks reegel – tunne peab olema „päris“. Ainult siis on temas see piisav kogus loomise jõudu. Seepärast tuleks luua, või vähemalt alustada selle loomisest, mida **hetkel kogu hingest** soovid saada või teha.

Tunnetel meie elus, on ka veel teine väga tähtis roll. Tunne on kui sisemine suunanäitaja, mis ütleb, kas oleme „õigel“ teel või sellest kõrvale kaldumas.

Oma tunnetest teadlik olemine võimaldab teadvustada, millise kvaliteediga elu me endale hetkel loome, kuhu poole liigume. Iga vähem-kui-hea tunne on märk sellest, et oleme teelt kõrvale kaldumas ja loome oma ellu seda, mida me tegelikult ei soovi.

Miks on inimesed, kellele ei meeldi nende igapäevatöö, haigemad, kui need, kes tegelevad sellega, mis neile meeldib? Sest nad viibivad suure aja keskkonnas, kus nad tegelikult ei taha olla ja teevad seda, mis neile ei meeldi. Tööpäeva hommikul ärgates on esimene mõte – jälle peab minema... Ja pühapäeva õhtul hakatakse mõtlema eesootavast ebameeldivast esmaspäevast. Suur osa tööl olevast ajast on tunne ebameeldiv ja nii need haigused „päästma" tulevad. Kohe päevapealt töölt ära tulla ei ole vast mõistlik, aga tasakaaluks võiks töövabal ajal teha võimalikult palju seda, mis südamest rõõmu valmistab (rõõmuga tehtud „oma asi").

Elus tuleb ette olukordi, kus vihastame, solvume, ärritume jms. See on reageering, automaatne tõlgendus, mitteteadlik valik. (Vaevalt, et keegi otsustab – nüüd hakkan vihastama ja vihastan kohe mitu tundi järjest.) Mitteteadlik valik on ka valik, samaväärne teadliku valikuga, sama loov.

Teadlikult saab valida, kui kaua vihane, solvunud jms olla. Teadlikult saab endalt küsida, miks ma vihastasin, solvusin, kui kaua ma kavatsen jätkata? Millised minu arusaamad panevad mind niimoodi reageerima? See, et olen kellegi peale vihane, solvunud, mõjutab ju eelkõige minu enda elu.

Mina olen see, kes neid tundeid tunneb ja niimoodi oma elu loon. Negatiivsed tunded on „päris“ tunded. Need loovad kohe ja kiiresti.

Toon ühe näite enda elust. Sõitsin autoga, kuulasin raadiost midagi lõbusat, tuju oli hea ja meel rõõmus. Lähenesin valgusfoorile ja kiirendades oleksin üle jõudnud. Aga otsustasin aeglustada ja jäin kollase tule taha seisma. Tahavaate peeglist nägin, kuidas minu taga olev autojuht pead vangutas ja kätt viibutas. Mina muigasin, tema ärritus. See autojuht, juhtus aga olema üks minu tuttav. Tema mind küll ära ei tundnud. Helistasin talle kohe ja küsisin, kas järgmise foori all pidurdan uuesti või sõidame läbi. Lõpuks saime mõlemad kõhutäie naerda.

Aga kui mõelda, kui palju me liikluses olles tegelikult ärritume ning jälle on juurde loodud negatiivset mõtte-mustrit enda ellu ja võimendatud üldist negatiivsust. Iga kord ebameeldivat tunnet tundes, tuleb sinu sisemine suunanäitaja ütlema, et oled liikumas oma tegelikest soovidest kaugemale.

Juba ainuüksi märkamine, et oled vihane jms, peatab suure koguse negatiivse energia juurdetegemist. Tuleta meelde, mis on sinu tegelik soov ning mittesoovitu loomine peatub kohe kuna suunad tähelepanu soovitule.

„Oma asja“ ajavatel inimestel on soovid ja eesmärgid täpselt teada. Ja ka vajalikud sammud nende eesmärkide täide viimiseks on täpselt teada.

Niimoodi saavad nad hoida mõtteid kogu aeg sellel, mida soovivad saavutada või mis on järgmine vajalik samm. Kasutatakse struktureeritud ja õigesti mõtlemist, tuntakse rõõmu ja naudingut eesmärgi suunas liikumisest ja tehakse „oma asja" kindla veendumuse ja pühendumusega.

Mis see „oma asi" on, on paljudel inimestel suures osas ette kavandatud. Sellest juba pikemalt järgmises peatükis.

Siin olemise peamine põhjus

Siiamaani olen kirjutanud meie igapäevasest elu-olust; kuidas enda soove ja eesmärke ellu viia, kuidas õigesti mõelda ja milliseid sõnu kasutada; kuidas mõtted ja tunded loovad; kuidas „tõmbamise“ asemel teadlikult luua; kuidas välja selgitada „oma asja“ jne. Käesolevas, viimases peatükis, räägin vaimsematel teemadel ja käsitlen nn „oma asja“ natuke laiemalt.

Mis üldse on elu? Mis on selle mõte? Kas elul on mingi sügavam tähendus kui lihtsalt äraelamine? Miks olen sündinud siia planeedile, sellesse riiki, miks just nüüd ja sellisena? Miks ühel inimesel on ühesugused huvid ja teisel teistsugused? Miks ühele pakub rõõmu see, mis teisele mitte? Miks üks on suurepärane laulja, teine teadlane?

Minu meelest on üha rohkemate inimeste elus kätte jõudmas aeg, kus hakatakse mäletama kes ollakse, kust tullakse ja miks siin ollakse. Tean, et minu elu on alguse saanud enne minu siia sündimist ja jätkub ka pärast siit lahkumist. Minu ja kõikide teiste inimeste elul on kindel eesmärk. Põhjus, miks oleme nüüd ja praegu siin, on selles, et käesolev ajajärk soodustab ja kiirendab selle eesmärgi saavutamist.

Selleks eesmärgiks on – taastada, nii palju kui võimalik, enda algset, multidimensionaalset olemust.

Suur enamus inimkonnast ei mäleta kes me oleme, kust tuleme, kuhu läheme või miks siin oleme. Sadade tuhandete aastate jooksul on inimene nihkunud aina kaugemale ja kaugemale algsest iseendast. Selguse mõttes pean kohe ära märkima, et minu arusaamade kohaselt, ei ole inimene ahvist arenenud. Aegade jooksul on toimunud hoopis taand-areng. Inimese algsest, multidimensionaalsest olemusest, selles peatükis kirjutangi.

Seega, meie siinolemise peamiseks põhjuseks on – taastada, nii palju kui võimalik, iseenda algset olemust.

Järgnev on minu praegune arusaam ja ei pretendeeri ainuõigele maailmakirjeldusele. See on tõene minule.

Meie planeet Maa (teadvusega olend) alustas 2013. aasta algusest uut eluetappi – käivitus Auroramaa ajajoon. Selle planetaarse muutuse tulemusel taastub üha rohkem ja rohkem inimeste mälu, mistõttu hakatakse mäletama enda kosmilist päritolu ja põhjust, miks siin ollakse. Selle muutuse tulemusel, on meie algse, multidimensionaalse olemuse taastamine muutunud natuke lihtsamaks. Et sellest paremini aru saada, selgitan, kes me oleme ja kust tuleme.

Elame kolmedimensionaalses (kolmest mõõtmest koosnevas) reaalsusväljas. Need kolm dimensiooni on: paremale-vasakule, ette-taha ja üles-alla ehk kõrgus, laius, sügavus.

Need kolm dimensiooni tekitavad meid ümbritseva 360-kraadise reaalsusvälja. Samal ajal, elame 15-dimensionaalses ajamaatriksis. Need 15 dimensiooni on alati nö grupeerunud kolme kaupa ehk üks ajamaatriks sisaldab endas viite kolme-dimensionaalset reaalsusvälja. Ühte kolme-dimensionaalset reaalsusvälja kutsutakse tiheduseks. Meie elame esimeses ehk kõige tihedamas tiheduses, mis hõlmab esimest kolme dimensiooni. See on tihedus üks. Tihedus kaks sisaldab dimensioone 4-6, tihedus kolm dimensioone 7-9 jne. Igas tiheduses tajutakse aega erinevalt ja vastavalt just sellele tihedusele. Aeg ei ole neljas mõõde ega iseseisev dimensioon. **Ajataju** esimeses tiheduses on erinev teises tiheduses tajutavast ajast.

Suuremal osal tänapäeva inimestest on aktiivsed ainult viis meelt (nägemine, kuulmine, haistmine, kompimine ja maitsmine), mis suudavad tajuda esimese tiheduse (dimensioonid 1-3) imepisikest osa. Tajuulatusest jääb välja suurem osa esimesest tihedusest ja kogu ülejäänud neli tihedust (dimensioonid 4-15).

Algselt oli inimene suuteline tajuma nelja esimest tihedust ehk kokku 12 dimensiooni. Seda võimaldas 12 meele ja 12 DNA kiu aktiivne olek.

Algne inimene pärineb tihedusest nr 2, (dimensioonid 4-6), planeedilt nimega Tara ja kandis rassinime turaneusiam. Meie ajamaatriksis (kokku 15 dimensiooni) on tuhandeid erinevaid teadvel ja teadvust omavaid rasse.

Inimrass loodi kindla eesmärgi ja põhjusega, paljude erinevate kosmiliste rasside DNA-d kasutades.

Niisiis, miljoneid aastaid enne seda, kui tekkis meie planeet Maa, elasid turaneusiamlased planeedil Tara. Seal ei olnud näiteks selliseid nähtusi nagu haigus, surm, vananemine jpm ning sõnavarast puudusid sellised väljendid nagu „ei saa“, „ei oska“, „ei taha“ jne. Inimesed olid teadlikud oma päritolust ning sellest, kes ja miks nad on.

Nii nagu siingi planeedil sõditakse, sõdivad erinevad kosmilised rassid ka mujalgi meie ajamaatriksis. See, mis toimub kõrgemates dimensioonides, peegeldub ka siia alla, meie reaalsusvälja.Teatud sündmuste tagajärjel, toimus Taral planetaarne katastroof. Selle katastroofi tagajärjel eraldus üks osa Tara energeetilisest infoväljast ja see osa langes tihedus kahest (dimensioonid 4-6), tihedus ühte (dimensioonid 1-3). Selle languse tagajärjel tekkis meie päikesesüsteem ja planeet Maa.

Need sündmused toimusid sadu miljoneid aastaid tagasi ning sellest ajast saadik on Maal elanud mitu inim-tsivilisatsiooni.

Kogu meie 15-dimensionaalses ajamaatriksis on nii heade, kui ka mitte-heade kavatsustega rasse. Seetõttu peab äärmise ettevaatlikusega suhtuma ja suhtlema kõik-võimalike kosmiliste olenditega.

Tuleme nüüd tagasi 2013. aasta algusesse, kui tekkis uus Auroramaa ajajoon. Mida see tähendab ja miks on see erakordne sündmus?

Sadu-tuhandeid aastaid on Maa olnud nö „lukus" planeet. Sünnimuster põhjustab vananemist ja surma ning planeedilt ei ole olnud võimalik „välja" saada. Inimhinged olid planeedile kinni jäänud, mistõttu algse olemuse taastamine muutus üha raskemaks.

Kuid nüüd, alates 2013. aasta algusest muutub oma algse olemuse taastamine lihtsamaks. Seda sellepärast, et planeedile lisandub üha rohkem algset ja orgaanilist energiat. See aga omakorda muudab mõtete ja tunnete ilmestumise meie ellu üha kiiremaks. Iga järgneva aastaga saab üha olulisemaks, millised on meie mõtted ja tunded, sest „asjad" manifesteeruvad kiiremini.

Täna tean, et ma ei ole sündinud siia juhuslikult: ei juhuslikku riiki, ajastusse ega juhuslike vanemate lapseks.

Tean põhjust, eesmärki ja seda, mis on „minu oma asi" siin teha.

Mõnda aega ma ei teadnud, mis on just see **esimene** vajalik samm. Otsides, mõeldes, meelt vaigistades, tunnetades ja sisemisi vastuseid kuulda võttes jäi minu suureks üllatuseks sõelale raamatu kirjutamine. Ma ei ole varem ühtegi raamatut kirjutanud ja keskkooli lõpueksami kirjandi hindeks oli kõva kolm ☺.

Järgmiseks sammuks on seminar, kus leiavad kajastust just käesoleva peatüki teemad. Seminari kohta leiad infot veebilehelt www.ainarleppik.ee.

Nagu peatüki alguses kirjutasin, on paljudel inimestel (mitte kõigil) just nüüd ja praegu siin olemiseks üks ja ainuke põhjus – taastada enda algne, multidimensionaalne olemus. Et seda eesmärki parimal moel ellu viia, oleme tulnud siia erinevate oskuste ja annetega – sinu peamine oskus. Sa oled iseendale kaasa pannud vähemalt ühe oskuse, ande või huvi. Oled ise enda „oma asja“ ja vastavad oskused enne siia tulemist kavandanud ja plaaninud. Kavandatud ei ole iga üksik sõna ega mõte, neid me loome siin igapäevaselt ise, vaid kavandanud oled enda peamise oskuse ja valdkonna, kus seda oskust ellu rakendada. See oskus aitab sind kõige efek-tiivsemalt siin olemise eesmärki saavutada või eesmärgi saavutamisele lähemale jõuda.

Kui oled juba või plaanid läbi teha „100 punkti idee“ harjutuse, on see heaks indikaatoriks, mis on sinu peamine oskus. Kuna oleme enda „oma asja“ ja peamise oskuse eelnevalt kavandanud, käivad need kaks käsikäes. Mõnel inimesel on peamine oskus juba maast madalast selge ja kaugele nähtav (laulja, kunstnik), teistel jällegi mitte. Sinu peamine oskus ei pruugi kohe täies mahus avalduda, aga küll see avaldub järk-järgult. Peamine oskus on see, millega sa sisustaksid oma vaba aega, kui raha, tervis ega perekond ei piira sinu liikumisvabadust.

Kuna ka planeet seda toetab, on minu meelest üha enamate inimeste elus kätte jõudnud aeg, kus tahetakse teada, otsitakse vastuseid ja küsitakse - *kes ma olen* ja *miks ma siin olen*? Selle raamatu kirjutamise eesmärk on pakkuda sulle esmaseid vastuseid just nendele küsimustele. Sügavama huvi korral, annab ülalmainitud veebileht põhjalikke vastuseid.

Siinkohal on raamat lõpule jõudnud. Pikka ja grandioosset lõppsõna ma kirjutada ei oska. Lõpetan sama mõttega, millega alustasin. Et soovid täituksid, on hea teada elu ja reaalsusvälja tekkeprintsiipe ning seda, kuidas neid kasutada. Kuid üksnes raamatu läbi lugemine ei pane veel soove täituma. Teadmiste kasutusele võtmine viib tulemusteni.

Et sinu soovid täituksid...

71

72

Viited

Viide 1:
http://et.wikipedia.org/wiki/Kvantfüüsika

Viide 2:
http://forte.delfi.ee/news/teadus/nobeli-fuusikapreemia-palvisid-prantsuse-ja-usa-kvantfuusikud.d?id=65084022

Viide 3:
http://www.fyysika.ee/uudised/?p=13469

Viide 4:
http://www.reaalsusloome.com/

Viide 5:
http://www.eestiarst.ee/static/files/011/ylemaailmne_alzheimeri_tove_paev.pdf

Viide 6:
http://www.normandoidge.com/

Viide 7:
http://et.wikipedia.org/wiki/Harjumus

Viide 8:
http://www.mindsweeper.ee/2012/08/23/harjumuse-joud-on-suur-kuidas-seda-targalt-kasutada/

www.ingramcontent.com/pod-product-compliance
Lightning Source LLC
La Vergne TN
LVHW050335160826
845677LV00014B/3629